침식과 퇴적

내가 너였대!

지은이 윤병무

시인이며 어린이 책 작가이다. 이 책의 남매인 '후루룩 수학' 시리즈를 썼으며, 초등 국어·수학·사회·과학의 단원별 지식을 동시와 수필로 형상화하여 창발적 융합 교육을 실현했다고 평가받은 '로로로 초등 시리즈'(20권)를 썼다. 또한, 읽은 글(지문)을 나무 그림 도식으로 간추리는 방법을 알려주는 『나무 문해력 초등 국어 1학년』, 『나무 문해력 초등 국어 2학년』, 『나무 문해력 초등 수학 1학년』, 『나무 문해력 초등 수학 2학년』과 『나무 문해력 초등 1~2학년』, 『나무 문해력 초등 3학년』, 『나무 문해력 초등 4학년』, 『나무 문해력 초등 5학년』, 『나무 문해력 초등 6학년』을 썼으며, 아동·청소년을 위한 인성 교육서 『생각을 열어 주고 마음을 잡아 주는 성장기 논어』, 『옛일을 들려 주고 의미를 깨쳐 주는 성장기 고사성어』, 『속뜻을 알려 주고 표현을 살려 주는 성장기 속담』을 썼다. 창작 그림 동화로는 『펭귄 딘딤과 주앙 할아버지』를 썼다. 지은이의 시집으로는 『당신은 나의 옛날을 살고 나는 당신의 훗날을 살고』, 『고단』, 『5분의 추억』이 있으며, 산문집 『눈속말을 하는 곳』이 있다.

그린이 이철형

이 책의 남매인 '후루룩 수학' 시리즈의 그림을 그렸으며, '로로로 초등 시리즈' 중에서 16권의 책에 삽화를 그렸다. '마음으로 생각하는 인성 공부 시리즈'에 삽화를 그렸고, 창작 그림 동화 『펭귄 딘딤과 주앙 할아버지』와 함민복 시인의 시 그림책 『악수』의 그림을 그렸다. 또한, 인문 교양서 『우화의 철학』과 『나를 위한, 감정의 심리학』에 삽화를 그렸다.

후루룩과학 4

내가 너였대!
지표의 변화

글 윤병무 그림 이철형

국수

한적한 강변의 숲에서

대화하는 소리가 들렸어.

바위,

돌,

흙이

서로 자신을 뽐내고 있었어.

먼저 **바위**가 큰소리쳤어.

"우리 중 누가 가장 큰지 알지?

바로 나잖아.

그러니 내가 대장이야."

돌이 대답했어.

"바위는 너무 커서 다루기 힘들어.

나는 크기가 적당해.

그러니 내가 가장 쓸모 있어."

가만히 듣던 흙이 말했어.

"나의 알갱이는 너희와 비교하면

보잘것없이 작지만 나는 무수히 많아.

나는 땅의 대부분을 차지하고 있지.

그러니 내가 으뜸이지 않겠어?"

숲속 나무들이 대화에 끼어들었어.

"맞아. 흙이 으뜸이야.

바위와 돌 없이도 우리는 살 수 있지만

흙이 없으면 우리는 살아갈 수 없어."

"그래. 흙에는 뿌리를 내릴 수 있지만

바위와 돌에는 뿌리를 내릴 수 없어."

"맞아. 흙에서는 물을 빨아들일 수 있지만

바위와 돌에서는 그럴 수 없어."

숲에서 가장 부지런한 **다람쥐**도

토론이 되어 버린 대화에 끼어들었어.

"바위와 돌은 있으면 좋고 없어도 되지만 흙은 꼭 있어야 해.

흙이 없으면 나무가 자랄 수 없고

나무가 없으면 열매도 자랄 수 없고

그러면 우리는 먹이를 구하지 못해.

또, 겨울잠을 자려면 땅을 파야 하니까

우리에게 흙은 꼭 필요해."

바위와 돌은 흙이 부러웠어.

나도 나무와 풀에게
꼭 필요한 흙이 되고 싶어.

나도 동물들에게
도움을 주는 흙이 되고 싶어.

그때,

그곳을 내려다보던 **해님**이 말했어.

얘들아,
너희는 원래 **한가지**였어.

바위와 돌과 흙이

하늘을 올려다보며 대답했어.

"우리가 원래는 한가지였다고요?"

"그런데, 왜 지금 우리는 서로 달라요?"

"우리가 한가지였다는 걸 어떻게 아세요?"

"나는 아주 오래 전부터

너희를 지켜보아서 알고 있단다.

아주 오래 전, 너희는 바위산이었단다."

쨍한 해님의 말에

바위, 돌, 흙뿐만 아니라

식물들과 동물들도 깜짝 놀랐어.

해님이 눈부신 말을 이었어.

"그 바위산이 부스러져 바위들이 되었고

그 바위들이 부스러져 돌들이 되었고

그 돌들이 부스러져 흙이 되었단다."

내가 너희를 그렇게 만든 거야.

공중에서 이런 말소리가 들렸어.

바위와 돌과 흙이 올려다보며 말했어.

"당신이 우리를 만들었다고요?"

"해님은 바위산이 부스러져 우리가 되었다는데요?"

"부스러져 보이는 당신은 누구세요?"

나의 이름은 풍화란다.

처음에는 북쪽에서 들렸던 말소리가

이번에는 남쪽에서 들렸어.

다시 동쪽에서 말소리가 이어졌어.

"나는 하나가 아니란다.

나는 공기이기도 하고

햇빛이기도 하고

빗물이기도 하고

나무뿌리이기도 하고

새똥이기도 하지."

알쏭달쏭한 말소리가 이번에는 서쪽에서 들렸어.

"바위산이었던 너희는 아주 오랫동안

공기에 닿고, 햇빛을 받고, 눈비에 젖고,

파고드는 나무뿌리에 파이고,

떨어지는 새똥을 맞으면서

아주 조금씩 매우 천천히 부스러져

바위가 되고, 돌이 되고, 흙이 된 거란다.

그 일을 내가 일으킨 거란다."

"아, 그랬군요."

"우리는 아주 오랫동안 만들어졌군요."

"오랫동안 우리를 만들어 주어서 고맙습니다."
바위와 돌과 흙이 풍화에게 대답했어.

그때, 강변에서 또 다른 말소리가 들렸어.

그런데, 왜 너희가 이곳에 있는 줄 아니?
내가 너희를 이곳에 데려왔기 때문이란다.

바위와 돌과 흙이 강변을 바라보며 말했어.

당신이 우리를 이곳에 데려왔다고요?
어떻게 우리를 데려왔는데요?
한쪽이 깎인 당신은 누구세요?

나의 이름은 침식이란다.

침식의 말소리가 물결을 일으키며 이어졌어.

"풍화처럼 나도 하나가 아니란다.

나는 빗물이기도 하고

바람이기도 하고

하천이기도 하고

빙하이기도 하지."

바람 같은 **침식**의 말소리가 이어졌어.

"**바위**와 돌과 **흙**에 비가 내리면

빗물이 모여 계곡물을 이루고 강물을 이루지.

그 물은 흐르면서 바위를 깎고

돌을 부스러뜨리고 흙을 하류로 보낸단다.

이렇게, 위쪽에 있던 바위와 돌과 흙이

차츰차츰 아래쪽으로 이동하면서

지표*를 변화시키는 현상을 침식이라고 한단다."

* 지표: 지구의 표면, 또는 땅의 겉면.

"그렇군요." "그래서 우리가 지금 이곳에 있군요."

"그럼, 우리는 차츰차츰 또 이사 가겠네요?"

바위, 돌, 흙이 침식에게 대답했어.

그때, 땅속에서 울리는 또 다른 말소리가 들렸어.

바위와 돌과 흙이 대답했어.

"우리가 포개어져 쌓인다고요?"

"우리를 누가 쌓아놓는데요?" "당신은 누구세요?"

다시, 땅속 깊은 곳에서 울리는

말소리가 들렸어.

퇴적이 말을 이었어.

"나는 **풍화**와 **침식**의 친구란다.

나는 **풍화**가 부스러뜨리고

침식이 옮겨 놓은 **흙**에

오래전에 **죽은 생물**의 부스러기까지 섞어

땅에 포개어 쌓기도 하고,

흙먼지를 **바람**에 실어 날려 보내기도 하고,

상류에서 흘러온 **물**에 휩쓸린 **흙**을

하류에 쌓기도 한단다.

나는 그렇게 늘 쌓는 일을 하지."

침식이 나서서 친구인 **퇴적**을 더 소개했어.

"그래서 자연환경마다 쌓인 흙들이 달라.

경사가 완만한 바닷가에 쌓인 흙은

밀가루처럼 고운 개펄을 이루곤 해.

산이나 들에 **황토**가 많은 까닭은

흙에 죽은 생물의 부스러기가 섞였기 때문이야.

또, 맑은 강물 바닥이나

건조한 바람이 세게 부는 기후 환경에 쌓인 흙은

대부분이 **모래**야."

그때, 암석들이 나타났어.

그중 첫 번째 암석이 말했어.

"그렇게 쌓인 흙, 모래, 자갈, 생물의 부스러기가

오랫동안 굳으면 퇴적암이 되지.

우리 넷이 바로 퇴적암이야."

퇴적암들의 모양은

서로 비슷하면서도 달랐어.

두 번째 **퇴적암**이 말했어.

"내 이름은 **사암**이야.

한자로는 **모래 사**(沙), **바위 암**(巖)이지.

한자대로, 나는 쌓인 **모래**가 뭉쳐져서

단단히 굳어진 **퇴적암**이야."

흙은 생각했어.

어떻게 모래가
암석이 될 수 있지?

세 번째 퇴적암이 말했어.

"내 이름은 역암이야.

한자로는 조약돌 역(礫), 바위 암(巖)이지.

나는 많은 자갈 사이에 모래나 진흙이 채워진 채로

굳어진 퇴적암이야."

돌이 생각했어.

어떻게 자갈, 모래, 진흙이 섞여 암석이 될 수 있지?

네 번째 **퇴적암**이 말했어.

"내 이름은 **이암**이야.

한자로는 **진흙 이**(泥), **바위 암**(巖)이지.

한자대로, 나는 **진흙**이 쌓여서

딱딱하게 굳어진 **퇴적암**이야."

바위가 생각했어.

어떻게 진흙이
암석이 될 수 있지?

첫 번째 **퇴적암**이 다시 말했어.

"내 이름은 **석회암**이야.

한자로는 돌 석(石), 재 회(灰), 바위 암(巖)이야.

내 이름은 한자 뜻으로 기억하기에는 불편해.

나는 동물의 뼈나 껍질이 쌓여 굳은 **퇴적암**이거든.

나는 가장 인기 있는 **퇴적암**이야.

사람들이 나를 가루 내어 시멘트를 만들 거든."

"그것은 풍화와 침식이 아주 오랫동안 서서히 진행되듯,

퇴적도 꽤 오랫동안 서서히 진행되기 때문이지.

모래, 자갈, 진흙, 동물의 뼈와 껍질이

매우 오랫동안 쌓여 단단히 뭉쳐지면 퇴적암이 된단다."

이렇게 공중에서 들린 말소리가 다시 이어졌어.

그런데 풍화, 침식, 퇴적은
내가 있어서 생겨났단다.

풍화, 침식, 퇴적이 한목소리로 질문했어.

"그렇게 말씀하시는,

안 보이는 당신은 누구세요?"

궁금하니?
나는 한 번도 멈춘 적 없는
시간이란다.

후루룩과학 ④
내가 너였대!
지표의 변화

초판 발행일 2025년 5월 15일

지은이 윤병무 | 그린이 이철형
펴낸곳 국수
등록번호 제2018-000158호
주소 경기도 고양시 일산동구 진밭로 36-124
전화 (031) 908-9293 | 팩스 (031) 8056-9294
전자우편 songwriter@kuksu.kr

ⓒ 윤병무, 이철형, 2025, Printed in Goyangsi, Korea

ISBN 979-11-90499-71-2 77400
ISBN 979-11-90499-60-6 (세트)

책값은 뒤표지에 쓰여 있습니다.
이 책의 저작권은 지은이와 그린이에게, 출판권은 '국수'에 있습니다.
이 책 내용의 전부는 물론이고 일부라도 재사용하려면 반드시 '국수'의 동의를 얻어야 합니다.
잘못 만들어진 책은 구입하신 서점에서 교환해드립니다.

① 어떤 수를 회장으로 뽑지?: 수의 쓰임과 자릿수

② 평각 삼각형도 있나요?: 평면도형

③ 길이 재기 대회를 한대!: 길이 단위

④ 더 빨리 셀 수 있다고?: 덧셈과 곱셈

⑤ 어떻게 똑같이 나누지?: 뺄셈과 나눗셈

① 고체 액체 기체가 뭐래?: 물질의 상태

② 배추흰나비가 변신한다고?: 동물의 한살이

③ N극과 S극이 있대!: 자석의 이용

④ 내가 너였대!: 지표의 변화